Le
1er Juillet
1896

RÉPUBLIQUE FRANÇAISE

LIBERTÉ — ÉGALITÉ — FRATERNITÉ

VILLE DE PARIS

LES FÊTES *de la*

Municipalité de Paris

Inauguration

des Nouveaux Bâtiments

de l'École Estienne

IMPRIMÉ A L'ÉCOLE MUNICIPALE ESTIENNE
Février 1898.

INAUGURATION

DE

L'ÉCOLE ESTIENNE

(ÉCOLE DU LIVRE)

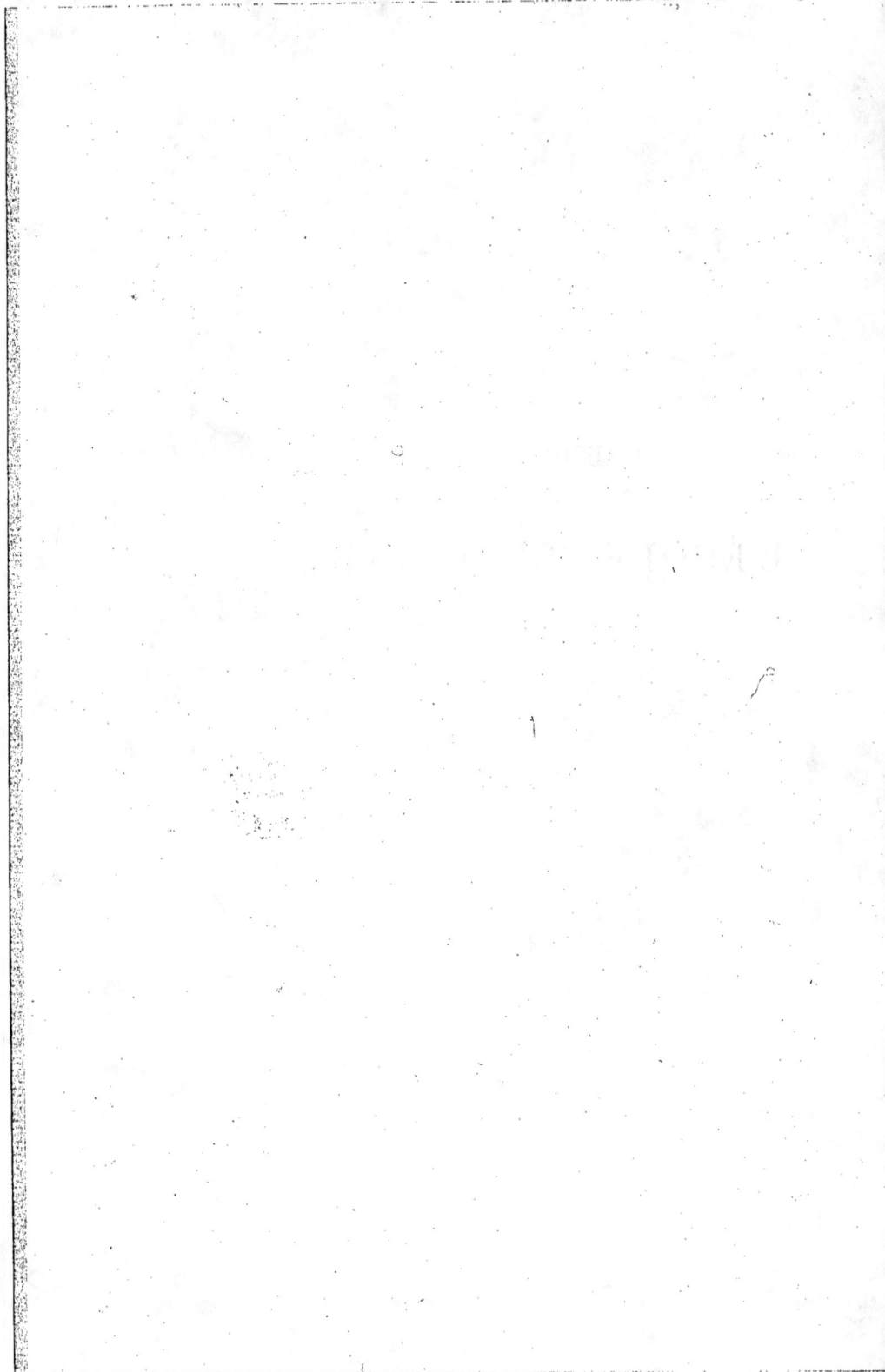

CÉRÉMONIE D'INAUGURATION

LE 1er JUILLET 1896

PAR LA

MUNICIPALITÉ DE PARIS

des nouveaux bâtiments

DE

L'ÉCOLE ESTIENNE

18, BOULEVARD D'ITALIE

PARIS

IMPRIMERIE DE L'ECOLE MUNICIPALE ESTIENNE

18, BOULEVARD D'ITALIE, 18

1898

CONSEIL MUNICIPAL
DE PARIS

INAUGURATION

DES NOUVEAUX BATIMENTS

DE L'ÉCOLE ESTIENNE

1 Juillet 1896

BUREAU

ADMINISTRATION

DE

LA VILLE DE PARIS ET DU DÉPARTEMENT DE LA SEINE

PRÉFET DE LA SEINE : M. DE SELVES.

Secrétaire général de la Préfecture de la Seine : M. BRUMAN.

PRÉFET DE POLICE : M. LÉPINE.

Secrétaire général de la Préfecture de Police : M. LAURENT.

SERVICES ADMINISTRATIFS

DIRECTEUR des Finances : M. FICHET.
— de l'Enseignement primaire : M. CARRIOT.
— de l'Assistance publique : M. PEYRON.
— de l'Octroi : M. DELCAMP.
— du Mont-de-Piété : M. DUVAL.
— des Affaires municipales : M. MENANT.
— des Affaires départementales : M. LE ROUX.
— des Travaux : M. HUET.

SERVICES TECHNIQUES

DIRECTEUR des Eaux : M. HUMBLOT.
— de la Voie publique : M. BOREUX.
— des Égouts : M. BECHMAN.

SECRÉTARIAT DES CONSEILS MUNICIPAL ET GÉNÉRAL

CHEF DE SERVICE : M. RISTELHUEBER.

INAUGURATION

DE

L'ÉCOLE ESTIENNE

I

NOTE SUR L'ÉCOLE ESTIENNE

Le Conseil municipal de Paris a pensé qu'il conve-
nait de remédier à la disparition de plus en plus complète
de l'apprentissage et il a, dans ce but, institué diverses
écoles professionnelles. Ces établissements sont appelés à
rendre des services considérables à l'industrie en formant
une élite d'ouvriers instruits théoriquement et pratiquement dans toutes les branches de leur profession, possé-
dant des idées d'ensemble que l'extrême division du travail
ne leur eût pas permis d'acquérir s'ils avaient appris leur
métier dans un atelier, une manufacture ou une usine.

Cet enseignement professionnel ne peut être abordé
que par des enfants ayant terminé leurs études primaires.

Les établissements fondés par le Conseil municipal constituent en quelque sorte des écoles normales des professions manuelles les plus fréquentes à Paris.

Ils n'ont pas pour objet de se substituer absolument à l'apprentissage industriel ni d'aborder toutes les spécialités. Ils doivent être surtout consacrés aux industries qu'on peut appeler des *industries mères,* c'est-à-dire à celles qui embrassent plusieurs professions ou spécialités ayant de nombreux points de ressemblance, employant fréquemment des procédés de travail analogues et, en grande partie, le même outillage.

L'*Ecole municipale Estienne* a été créée d'après ces principes, en vue de former des ouvriers habiles et instruits pour les arts et industries du Livre.

Elle fut fondée en 1889, sur l'initiative de la Commission de l'Enseignement, à la suite d'une proposition de M. Hovelacque, et ouverte le 20 novembre de la même année. Installée provisoirement dans les bâtiments de l'ancien collège Rollin, elle a été transférée, le 1er juillet 1896, dans les bâtiments définitifs élevés sur le boulevard d'Italie, n° 18, au coin de la rue de Gentilly.

L'enseignement y est gratuit; la cantine scolaire, qui fournit aux enfants le déjeuner et le goûter, est également gratuite pour les élèves habitant Paris. Les élèves de la banlieue peuvent apporter leur déjeuner; ils peuvent aussi prendre leur repas à la cantine, sauf à payer une rémunération fixée par le règlement intérieur.

Pour être admis à suivre les cours de l'École, il faut subir un examen. Le concours d'admission, qui a lieu, tous les ans, dans la deuxième quinzaine de juillet, comprend trois épreuves écrites : 1° une dictée; 2° deux problèmes d'arithmétique; 3° un dessin d'après la bosse.

Pour être admis à concourir, tout candidat doit satisfaire aux conditions suivantes : justifier qu'il est Français et domicilié à Paris; avoir au moins douze ans accomplis et pas plus de quinze ans à la date du 1er octobre de l'année du concours; être pourvu du certificat d'études. Les élèves non pourvus du certificat d'études ne peuvent être admis à concourir qu'à l'âge de treize ans révolus.

Les inscriptions sont reçues tous les jours, à partir du 15 juin, de 8 heures du matin à 6 heures du soir, jusqu'au 15 juillet inclus de l'année du concours, au siège de l'École.

Les pièces à produire sont : 1° bulletin de naissance; 2° certificat d'études primaires; 3° certificat de revaccination; 4° livret de notes scolaires; 5° carte d'électeur du père ou certificat de nationalité visé par le commissaire de police.

Les enfants dont les parents habitent la banlieue peuvent être admis en raison de leur rang de concours, à la condition toutefois que les communes suburbaines auxquelles ils appartiennent s'engagent à rembourser, pour chacun d'eux, une somme annuelle de 200 francs.

ENSEIGNEMENT DE L'ÉCOLE

L'enseignement de l'École Estienne est théorique et technique.

L'enseignement théorique comprend :

Langue française. — Histoire et géographie. — Lecture du grec. — Notions de mathématiques et de géométrie. — Sciences physiques et naturelles appliquées aux arts et industries du Livre. — Histoire de l'art. — Histoire du Livre. — Modelage. — Dessin d'ornement. — Dessin à vue et dessin industriel. — Écriture. — Gymnastique et exercices militaires.

L'enseignement théorique est donné tous les matins, de 8 heures et demie à midi. Il est *général* pour les élèves de 1re et de 2e année, quelle que soit leur profession.

Mais pour les élèves de 3e et de 4e année, au contraire, il est divisé en trois ordres de *cours spéciaux :* les uns suivis par les graveurs, les lithographes et les doreurs ; les autres suivis par les compositeurs, clicheurs, photograveurs, relieurs ; et les derniers, enfin, par les fondeurs, les imprimeurs typographes, lithographes et en tailledouce.

Cet enseignement spécial est distribué de façon à faire profiter autant que possible les élèves des connaissances se rapportant le plus directement à leur profession : chez les lithographes, graveurs et doreurs, c'est le dessin qui domine ; chez les typographes, le français, l'histoire et les éléments des sciences ; chez les imprimeurs, la chimie et la mécanique, etc.

Les élèves de 3ᵉ et de 4ᵉ année n'ont de cours théoriques que quatre matinées par semaine ; *le vendredi et le samedi, ils passent toute la journée à l'atelier.*

Les cours techniques ont lieu, de 1 heure à 6 heures du soir, du lundi au samedi, *jeudi compris,* pour tous les élèves.

L'enseignement technique, à l'École Estienne, comprend :

Pour la *Typographie :* Fonderie en caractères. — Composition. — Impression (presses à bras et machines). — Clicherie et galvanoplastie, soit quatre ateliers.

Pour la *Reliure :* Reliure. — Dorure sur cuir, soit deux ateliers. En outre, deux professeurs spécialistes viennent, chacun un jour par semaine, donner aux élèves de l'atelier de reliure des notions de dorure sur tranches et de marbrure.

Pour la *Gravure :* Gravure sur bois. — Gravure sur cuivre en creux et en relief. — Gravure sur acier. — Impression en taille-douce, soit quatre ateliers.

Pour la *Lithographie :* Gravure sur pierre. — Chromolithographie. — Dessin et écriture lithographiques. — Impression (presses à bras et machines), soit quatre ateliers. De plus, un professeur spécial d'autographie vient faire, deux fois par semaine, des cours aux élèves lithographes.

Pour la *Photographie :* Photographie et procédés qui en dérivent (photogravure, phototypie, etc.), un atelier.

Dans chaque atelier, les professeurs techniques sont

des hommes du métier, nommés au concours, et présentant toutes garanties de compétence, de moralité et d'honorabilité.

L'enseignement, tel qu'il est donné, est des plus démocratiques, car il permet aux enfants d'ouvriers de continuer leur instruction primaire jusqu'à l'âge de dix-sept à dix-huit ans, tout en apprenant *complètement* un métier. On ne fait pas de spécialistes à l'École Estienne.

Dans chaque atelier, l'outillage et les matières premières fournies permettent d'exécuter tous les travaux d'une profession. *Comme on travaille pour apprendre et non pour produire,* on peut mettre en main aux apprentis les modèles les plus variés et suivre une marche progressive.

Ainsi, par exemple, les apprentis compositeurs, lorsqu'ils sortent de l'École, auront fait tous les travaux qui se font en typographie, depuis la ligne courante de réimpression jusqu'aux modèles les plus compliqués de travaux en plusieurs couleurs.

Contrairement à ce que beaucoup se figurent, on ne fait pas à l'École des ouvriers connaissant *tous les métiers,* ce qui équivaudrait à dire qu'ils n'en connaîtraient aucun. Les enfants, il est vrai, *voient* dans les cinq premiers mois tous les ateliers, mais ensuite ils deviennent uniquement ou compositeurs, ou imprimeurs, ou graveurs, ou lithographes, etc., pendant les trois ans et demi de leur séjour à l'École, pour atteindre la fin de leur quatrième année d'études.

L'École municipale donne donc un apprentissage complet aux jeunes gens voulant se destiner à l'une des professions se rapportant aux arts et industries du Livre,

et, en outre, *pratiquement,* le supplément d'instruction primaire enseigné dans les cours complémentaires. Seuls, les
cours de dessin comportent un programme assez élevé
dans les sections de gravure, de lithographie et de dorure
appliquée à la reliure d'art.

Des prix et des livrets de Caisse d'épargne sont
accordés, à la fin de l'année scolaire, aux meilleurs élèves
des trois premières années. Ceux de 4ᵉ année reçoivent,
à la fin de leurs études : les plus méritants, des primes en
espèces et un diplôme d'honneur; les autres, un certificat avec récompense ou un certificat constatant simple-
ment qu'ils ont suivi, pendant quatre années, les cours de
l'établissement.

COURS DU SOIR

En outre des cours du jour, destinés aux élèves de
l'École, la Ville de Paris a institué des cours du soir
pour les adultes qui veulent se perfectionner dans leur
métier. Ces cours sont généralement faits par des professeurs autres que ceux du jour. Il suffit de se faire inscrire
pour y assister.

COMMISSION DE SURVEILLANCE

Monsieur le Président de la République
assistera le Mercredi 1.er Juillet 1896, à l'inauguration
de l'École Municipale Estienne

La Municipalité de Paris prie

M

de lui faire l'honneur d'assister à cette cérémonie
qui aura lieu à 3 heures

18 Boulevard d'Italie

Carte d'invitation rigoureusement personnelle

CÉRÉMONIE D'INAUGURATION

DE L'ÉCOLE ESTIENNE

C'est le mercredi 1er juillet 1896, à 3 heures,
qu'a eu lieu, en présence de M. Félix Faure, président de la République, assisté de M. Rambaud,
ministre de l'Instruction publique, et de M. Boucher,
ministre du Commerce et de l'Industrie, l'inauguration de la nouvelle École du Livre.

Étaient présents à cette cérémonie : M. Pierre
Baudin, président du Conseil municipal, le Bureau
du Conseil et un grand nombre de membres de cette
Assemblée ; M. Gervais, président du Conseil général,
et plusieurs de ses collègues; M. de Selves, préfet
de la Seine; M. Lépine, préfet de Police; M. Lampué, président de la Commission de surveillance de
l'École, et ses collègues; MM. Gérault-Richard et
Paulin-Méry, députés du XIIIe arrondissement;
MM. Paul Bernard, Rousselle, Navarre et Alfred
Moreau, conseillers municipaux du XIIIe arrondissement; M. Bruman, secrétaire général de la Préfecture de la Seine; M. Laurent, secrétaire général
de la Préfecture de Police; M. Buisson, directeur

de l'Enseignement primaire au Ministère de l'Instruction publique ; M. Bouquet, directeur de l'Enseignement commercial au Ministère du Commerce ;
M. Carriot, directeur de l'Enseignement primaire à
la Préfecture de la Seine ; M. Thomas, maire, et
MM. les Adjoints du XIIIe arrondissement ; MM. les
Maires et Adjoints des Ve, VIe et XVe arrondissements ;
M. Estienne, descendant de la famille Estienne, et
de nombreux représentants de l'industrie du Livre.

Une foule considérable stationnait autour de
l'École sur l'avenue des Gobelins et sur la place
d'Italie où la Mairie du XIIIe arrondissement était
pavoisée et décorée.

Les invités, reçus par M. Pierre Baudin, président du Conseil municipal, étaient conduits à
l'estrade d'honneur dressée dans le préau couvert
de la nouvelle École.

Une musique militaire prêtait son concours à
cette solennité.

La voiture de M. le Président de la République
arriva, escortée d'un peloton de cuirassiers, jusqu'au
perron du pavillon central où l'attendaient M. le président du Conseil municipal, M. le Préfet de la
Seine, M. le Préfet de Police, M. le Directeur de l'Enseignement, M. Lampué, président de la Commission
de surveillance de l'École, M. l'Inspecteur général
des travaux d'architecture, M. Menjot de Dammartin,
architecte de l'établissement, MM. Blondel, Breuillé,

Dubois, E. Moreau, conseillers municipaux, M. Collin, ancien conseiller, M. Chauvière, député, M. Champenois, président de la Chambre syndicale des imprimeurs lithographes, et M. Marius–Michel.

Après quelques mots de bienvenue de M. le président du Conseil municipal, le cortège se forme et M. le Président de la République procède à la visite détaillée du nouvel établissement.

Le cortège revient ensuite au préau couvert où M. le Président de la République prend place sur l'estrade, entouré de tous les invités. Après l'audition de la *Marseillaise,* écoutée debout par toute l'assistance, les discours suivants ont été prononcés :

Discours de M. Pierre Baudin

PRÉSIDENT DU CONSEIL MUNICIPAL DE PARIS

MONSIEUR LE PRÉSIDENT,

Au nom de Paris, je vous remercie d'avoir accepté notre invitation. Votre présence ici honore grandement les représentants de la Cité; elle est aussi, et, si vous m'y autorisiez, j'y voudrais voir surtout, une haute adhésion aux idées et au programme du Conseil municipal en matière d'enseignement professionnel.

Il y a un an environ, vous assistiez à l'inauguration de l'École du Meuble; aujourd'hui, vous inaugurez l'École du Livre. Les enseignements diffèrent, mais l'idée dont ils procèdent est la même; ils ont pareille signification et pareille portée.

Qu'il s'agisse en effet de l'École Estienne, de l'École Boulle ou des créations antérieures (Germain-Pilon, Diderot et Bernard-Palissy), toutes ces fondations consacrent la manifestation d'une même pensée et — si l'expression ne vous paraît pas trop prétentieuse — je dirai même d'une politique économique; toutes participent d'un même sentiment de protestation contre la tendance du patron et de la famille ouvrière à sacrifier l'apprentissage au gain immédiat; toutes sont une tentative de réaction contre le nivellement du machinisme, l'invasion croissante du mercantilisme dans la production d'art, la spécialisation à outrance dont l'engourdissante monotonie énerve toute intelligence et toute initiative.

Susciter des personnalités, éveiller des vocations par une instruction générale agréablement variée, stimuler et développer les aptitudes professionnelles par des méthodes techniques pondérées, préparer aux industries de luxe des générations d'ouvriers, de praticiens, d'artistes, amoureux de leur profession, épris des belles choses et respectueux des règles d'esthétique inspiratrices des grandes traditions, sauvegarder ainsi de la concurrence étrangère l'universelle suprématie de goût et de savoir-faire de la production parisienne et, du même coup, défendre l'intégrité du patrimoine intellectuel de notre race, tel est, Monsieur le Président, le programme que poursuit depuis une quinzaine d'années l'effort énergique et patient du Conseil municipal.

L'École Estienne est une application particulière à l'industrie du Livre de ce programme.

Il appartiendra tout à l'heure au président de la Commission de surveillance de rappeler les circonstances qui entourèrent la naissance du nouvel établissement et les fortunes diverses qui ont traversé ses débuts dans le monde; il indiquera aussi à quels besoins cette École devait répondre et si elle a rempli les espérances de ses fondateurs.

Pour ma part, j'ai hâte d'apporter le tribut de notre admiration et de notre reconnaissance à l'illustre famille d'imprimeurs dont le nom patronne cet établissement et est inséparable de l'histoire des commencements, fort curieux, de l'imprimerie parisienne :

L'invention de Gutenberg était connue en Allemagne depuis 1455, quand, en 1470, deux enfants du peuple, Jean de la Pierre et Guillaume Fichet, l'importèrent à Paris.

De la Pierre avait montré à Fichet des livres imprimés par le procédé nouveau, et celui-ci, qui professait en Sorbonne, avait immédiatement saisi les avantages de cette merveilleuse invention.

Le livre, œuvre du calligraphe, était alors un objet de grand luxe. On l'attachait avec une chaîne à un pupitre et ceux qui voulaient le lire ou le consulter étaient obligés d'attendre leur tour. Les livres manuscrits, illustrés par les enlumineurs, représentaient de véritables fortunes; c'est dire que l'instruction et la science n'étaient accessibles qu'aux riches et à certains privilégiés.

Fichet et de la Pierre s'occupèrent de faire venir des ouvriers imprimeurs à Paris. Trois élèves de Gutenberg répondirent à leur appel. Fichet les installa dans un local de l'ancienne Sorbonne, dont il était alors bibliothécaire, et de la Pierre fut chargé de diriger l'atelier.

Ainsi fut fondée la première imprimerie parisienne dans le courant de l'année 1470; elle débuta par un manuel de style épistolaire en latin à l'usage des étudiants de l'Université, et cette publication, accueillie avec enthousiasme, s'annonçait en ces termes pompeux :

« Comme le soleil répand la lumière sur le monde, toi, Ville de Paris, tu vas répandre la science sur le monde! Voici les premiers livres qu'a produits la nouvelle industrie des imprimeurs sur la terre de France! Les maîtres Michel, Ulrich et Martin les ont imprimés et ils en feront encore d'autres. »

Au commencement de l'année 1473, Michel, Ulrich et Martin quittèrent la Sorbonne et s'établirent à leur compte rue Saint-Jacques, à l'enseigne du *Soleil-d'Or*. Ils y avaient été précédés par un de leurs élèves les plus habiles, Pierre Césaris, qui venait de fonder, à l'enseigne du *Soufflet-Vert*, près de l'église Saint-Benoît, la seconde imprimerie parisienne, et qui, au bout de quelque temps, s'associait les ouvriers qu'il avait formés, créant ainsi le premier atelier coopératif.

Les impressions de cet atelier étaient particulièrement soignées; les ouvriers en étaient justement fiers et ils traduisaient leur légitime orgueil par ces lignes, d'une naïveté charmante, placées en tête d'un de leurs livres :

« Si tu contemples ces feuilles imprimées, produit d'un art nouveau, tu auras dépassé toute imagination. Personne auparavant n'avait atteint à ce degré de perfection. On ne peut faire mieux. L'art a donné tout ce qu'on pouvait en attendre. A moins qu'on ne les détruise, ces pages braveront les siècles, grâce au brillant de l'encre et à la beauté des caractères. »

Paroles prophétiques couchées sur le papier il y a plus de quatre cents ans. Le livre qui nous les a conservées existe encore, dans nos bibliothèques publiques, intact comme au premier jour, et témoigne de la supériorité de l'œuvre des premiers imprimeurs parisiens.

Cependant la corporation des écrivains, des copistes et des enlumineurs, qui était nombreuse et jouissait de grands privilèges, s'efforçait d'enrayer les progrès de l'invention nouvelle ; elle y était encouragée par les sympathies de la Cour et des grands seigneurs qui, aux livres en latin imprimés pour les étudiants et le clergé, préféraient les beaux manuscrits, exécutés par d'habiles calligraphes, et rehaussés de gouaches ou décorés de brillantes miniatures représentant des batailles et des prouesses de chevalerie.

La lutte eût pu durer longtemps avec des chances diverses, si un imprimeur parisien, Jean du Pré, établi rue Saint-Jacques, près de l'église Saint-Séverin, et, après lui, un libraire, fournisseur de la Cour — Antoine Vérard — n'avaient eu l'intuition du parti qu'on pouvait tirer de la gravure pour l'ornement des livres.

L'impulsion donnée, nous voyons apparaître Guy Marchand, Pierre Le Rouge, Philippe Pigonchet, Simon Vostre, les frères Hardouin, je ne cite que les plus connus. Les uns et les autres publient des livres d'heures avec images et bordures rappelant les sculptures des monuments gothiques et les sujets satiriques des gargouilles et des porches des anciennes cathédrales.

Le manuscrit était vaincu. L'art typographique s'épanouit dans sa jeunesse radieuse, déjà conscient des hautes destinées qui l'attendent.

Nous entrons alors dans l'admirable période de la Renaissance, et au seuil du xvie siècle nous voyons apparaître Henri Estienne, premier du nom, le chef de la glorieuse dynastie des Estienne, puis — avec Josse Bade, Gilles de Gourmont, Simon de Colines, Geoffroy Vory, les Vascosan, les Morel — Robert Estienne, le plus célèbre de la famille.

Né à Paris, en 1503, Robert, dès son enfance, se trouva en rapport avec des savants distingués et des correcteurs habiles, familiers de la maison paternelle. A l'âge de dix-sept ans, il perdit son père, et sa mère épousa Simon de Colines. Ce fut donc chez son beau-père, à la fois graveur, fondeur en caractères et imprimeur, que le jeune Robert, sans négliger ses études, acheva son apprentissage typographique, et il avait à peine dix-neuf ans lorsque Simon de Colines lui confia l'édition latine du Nouveau Testament.

Quelques corrections que Robert crut devoir apporter au texte, d'après les meilleurs manuscrits, lui suscitèrent des haines dont il eut à souffrir cruellement plus tard.

En 1528, il épousa la fille du savant imprimeur Josse Bade, l'un des auteurs de la révolution typographique qui remplaça les lettres gothiques par les caractères romains employés de nos jours.

Sa maison, dirigée par cette femme aimable et instruite, devint un foyer de science et un centre littéraire ; on y parlait couramment le latin, le grec et l'hébreu, et tout le monde, chez lui, maîtres, ouvriers, enfants, domestiques, parlait ou comprenait le latin.

Après la mort de François Ier, son protecteur, Robert fut en butte aux persécutions de l'intolérance et, pour échapper au sort d'Étienne Dolet, il dut s'expatrier. Il se fixa à Genève, où il fonda un autre atelier et où il mourut.

Les éditions de Robert Estienne sont remarquables par un goût sévère. Les seuls ornements qu'il se permette sont ces belles lettres grises ou criblées qui reposent la vue, et quelques vignettes, en tête des livres ou des chapitres, reproduisant dans le goût de la Renaissance ce que les manuscrits de Rome et de la Grèce offrent de plus merveilleux en ce genre.

Son fils Henri, qui lui succéda, continua brillamment la tradition paternelle. Il rouvrit l'atelier de Paris, tout en conservant l'imprimerie de Genève. Là il a soin de rappeler sur ses livres qu'il est de Paris. Il prend habituellement le titre de « typographus parisiensis ».

« Son seul but, a dit Léon Feugère, un de ses biographes, était de se prévaloir de l'espèce de noblesse renfermée dans le nom de Parisien dont les gens de lettres étaient également jaloux de se parer à la même époque. »

Il serait impossible d'énumérer, même sommairement, tous les travaux littéraires et typographiques de Henri Estienne, tant ils sont nombreux. Je rappellerai seulement son *Trésor de la langue grecque*, œuvre herculéenne, comme son temps l'a qualifiée.

Robert avait publié le *Trésor de la langue latine*. En publiant à son tour le *Trésor de la langue grecque*, Henri a complété l'œuvre de son père et doté l'Europe savante d'instruments de progrès scientifique qu'elle ne possédait pas encore.

Après trois siècles, cet ouvrage gigantesque n'a pas vieilli ; il est encore consulté de nos jours par les lexicographes de tous les .pays.

Henri Estienne, a dit un homme du métier — M. Didot, — a été le premier imprimeur de tous les pays et de tous les âges.

Parlerai-je maintenant des autres membres de la famille des Estienne, des frères, des fils, des neveux ? Ils sont toute une phalange : François Estienne, Charles Estienne, Robert Estienne II, Paul Estienne et d'autres encore. Tous ont quelque titre de gloire littéraire à produire.

La Ville de Paris a placé la statue de Robert Estienne à côté de celles des grands hommes qui décorent la façade de l'Hôtel de Ville, et, étendant sa reconnaissance à tous les membres de cette incomparable famille, elle a voulu que l'École du Livre portât le nom des Estienne !

Un tel patronage oblige maîtres et élèves ! Les résultats déjà obtenus témoignent qu'ils ont souci de réaliser l'idéal et de continuer les traditions de cette illustre maison. J'en félicite, j'en remercie MM. les professeurs, et M. le Directeur dont le Conseil municipal apprécie particulièrement le tact et la fermeté.

Sans doute, les convenances modernes, les nécessités contemporaines ont des exigences que n'ont pas connues les imprimeurs du xvie siècle. La vapeur, aidée de la chimie et de l'électricité, a révolutionné l'industrie, la presse et toutes les habitudes sociales ; une fièvre de production, un prodigieux tumulte de pensée et d'art, mène le monde depuis un demi-siècle, et nous vivons un de ces moments de l'histoire où l'humanité rajeunie marche à de nouveaux destins, plus confiante, meilleure et plus belle.

Jeunes gens, dont la tâche sera de donner à la pensée écrite la forme matérielle et la durée, soyez donc de votre temps. Vous devrez pouvoir travailler vite et à bon compte. Mais l'éducation professionnelle que vous recevez ici serait une duperie, si vous n'y puisiez pas le savoir solide et la probité artistique qui ont distingué de tout temps les produits de l'industrie parisienne.

Sachez à la fois profiter des ressources du progrès et garder le culte de vos grands ancêtres sans aller pourtant jusqu'à imiter complètement ce moine enlumineur du xvᵉ siècle qui, à la fin de certains manuscrits, œuvres admirables, poussait cette exclamation, suprême contentement d'une âme candide et d'un cœur pur : *Explicit hoc totum. Per Christum da mihi potum !* « Enfin mon œuvre est terminée. Par le Christ, qu'on me donne à boire ! »

Je plains le pauvre moine s'il ne s'est jamais désaltéré qu'après chacune de ses œuvres, mais je vous plaindrais bien davantage si, à son exemple, vous deviez arroser les milliers de livres qui sortiront de vos presses. A coup sûr vous détiendriez le record de l'intempérance.

En d'autres termes, jeunes gens, soyez curieux des choses du passé et des recherches nouvelles. C'est à cette double condition que vous pourrez suffire aux exigences de l'art moderne ; non qu'il hésite vers des concepts jadis florissants — il est avide au contraire des naïves et fortes sensations du passé ; — mais, en y touchant, il les transforme, il les déforme pour se les assimiler.

Conciliez la science et l'art, et que par vos mains, prestigieux outils au service du verbe, se perpétue l'évolution sans terme de la raison et soit transmis parmi les hommes, aujourd'hui et toujours, le génie de Paris, notre bien-aimée cité, prodigue de gloire et de beauté.

Il me reste, Messieurs, à saluer M. le Ministre de l'Instruction publique et M. le Ministre du Commerce qui ont bien voulu répondre à notre invitation. Leur présence nous est un précieux encouragement; elle atteste l'intérêt qu'ils portent à l'œuvre du Conseil municipal. Au nom de mes collègues, je les remercie bien cordialement.

Enfin, Messieurs, je dois féliciter l'architecte de la nouvelle École, M. Menjot de Dammartin, qui a su tirer un si bon parti du terrain mis à sa disposition et subordonner, exemple trop rare, les satisfactions de son amour-propre d'artiste aux exigences d'une appropriation intelligente des bâtiments.

Discours de M. de Selves

PRÉFET DE LA SEINE

Monsieur le Président,

Il y a un an environ, mon prédécesseur vous remerciait de l'honneur que vous faisiez à la Ville de Paris et de la sollicitude que vous témoigniez aux classes laborieuses en inaugurant dans le vieux faubourg Saint-Antoine l'École Boulle.

Votre sollicitude pour nos œuvres parisiennes ne se ralentit jamais : qu'il s'agisse d'œuvres destinées à maintenir dans tout leur plus vif éclat les productions du goût français, de faciliter dans les diverses branches de l'activité humaine les efforts du travail, ou, encore, d'œuvres destinées à soulager les infortunes que la nature et les accidents de la vie engendrent trop souvent, nous avons toujours la très vive satisfaction de voir le premier magistrat de la République venir de sa présence encourager les efforts utiles, consoler et réconforter les humbles et les malheureux.

Aujourd'hui, c'est à l'inauguration de l'École du Livre que vous voulez bien assister.

Que de pensées ce mot évoque ! Pouvons-nous concevoir un moment où le livre, ce gardien de la pensée humaine à travers les âges, ce vulgarisateur par excellence des connaissances diverses, n'existait pas encore, et où le manuscrit contenant seul la pensée de son auteur, au lieu de circuler pour propager l'idée, était, en vue de sa conservation, gardé avec un soin jaloux, éloigné des regards de tous, hormis de quelques privilégiés ?

On raconte, Monsieur le Président, qu'un de vos lointains prédécesseurs, se croyant malade, demanda à la Faculté de médecine un manuscrit qu'elle possédait et dans lequel il s'imaginait trouver un spécifique à son usage. La Faculté refusa tout d'abord, puis finit par céder, mais en exigeant du roi Louis XI que, par acte en due forme et à titre de gage, il lui donnât sa vaisselle d'argent.

La Faculté n'aurait plus ces exigences. Le livre de nos jours lui permettrait, Monsieur le Président, d'être moins rigoureuse à votre égard.

L'histoire nous montre que de petites causes ont amené quelquefois de grands résultats. Cet incident ne fut peut-être pas étranger à l'énergique appui que Louis XI fournit à Germinc Frantz et qui lui permit, en dépit des résistances qui lui étaient opposées, de créer en 1470, dans des dépendances de la Sorbonne, la première imprimerie française.

La famille Estienne, dont le chef naissait en 1470, l'année même où s'installait à Paris cette première imprimerie, allait former une véritable dynastie et donner à notre imprimerie son essor et son plus grand éclat.

Ce fut par goût et contre le gré de sa famille, qui était noble, que Henri Estienne, le premier, se fit imprimeur. Jusque sous la Restauration et sans interruption on trouve au premier rang de nos imprimeurs le nom d'Estienne.

C'est d'un Estienne que Voltaire disait qu'il avait attaché son nom à des publications si belles qu'elles ne pouvaient être surpassées.

En 1854, un Estienne dirigeait encore les presses à la maison Didot.

Aussi, lorsqu'il fut appelé à donner un nom à l'École du Livre, le Conseil municipal ne put-il mieux faire que de l'appeler l'École Estienne. C'était un pieux devoir qu'il réalisait ainsi, en même temps qu'il synthétisait par un grand nom le but à atteindre.

Les maîtrises et les jurandes ont disparu sous le souffle de la Révolution. L'insuffisance de l'apprentissage n'a pas tardé à s'accuser avec leur disparition. Un vide existait qui pouvait compromettre le renom mérité de nos industries en leur enlevant le caractère artistique qui les distinguait. Le Conseil municipal de Paris, toujours soucieux des créations à la fois utiles au développement intellectuel de l'ouvrier et au bon renom du pays, a voulu combler ce vide en créant l'École du Livre.

Nulle part, en effet, plus que dans l'industrie du Livre, la nécessité d'une école professionnelle ne se faisait sentir.

Dès 1854, Paul Dupont, dans son *Histoire de l'imprimerie,* signalait les dangers de la situation. Plus tard, M. Broin, délégué de l'Association ouvrière « l'Imprimerie nouvelle » devant la Commission d'enquête de la Chambre des députés chargée de rechercher les causes de la crise qui sévissait sur l'industrie française, disait :

« Dans l'intérêt de la typographie et de l'industrie du Livre, il importe de créer dans le plus bref délai, en dehors de l'influence patronale et ouvrière, une école d'apprentissage du Livre. »

Installée provisoirement en novembre 1889 rue Vauquelin, elle reçoit aujourd'hui son installation définitive.

Le président de son Conseil de surveillance vous

dira, avec une autorité que je ne saurais avoir, quelle est son organisation intérieure. Il vous apprendra qu'en dehors des cours professionnels dits de l'École, la Ville de Paris a organisé des cours du soir afin que les ouvriers puissent avoir le moyen d'ajouter des connaissances nouvelles et générales aux connaissances trop spéciales et trop restreintes que leur donnent leurs travaux quotidiens de l'atelier.

Je me borne à cette heure à constater que la fondation de cette École, dans cet arrondissement où l'art trouve déjà, dans la manufacture des Gobelins, l'une de ses manifestations les plus brillantes, constitue une grande œuvre due à la pensée la plus généreuse et la plus éclairée; qu'elle honore, après tant d'autres, le Conseil municipal à qui elle est due et qu'il est particulièrement réconfortant, à notre époque de progrès social, de voir le Président de la République française la consacrer par sa présence et donner ainsi un nouveau gage de sa sollicitude toujours en éveil envers le monde du travail.

Discours de M. Lampué
PRÉSIDENT DE LA COMMISSION DE SURVEILLANCE DE L'ÉCOLE

MONSIEUR LE PRÉSIDENT DE LA RÉPUBLIQUE,

Au nom de la Commission de surveillance, au nom
des élèves et de tout le personnel de l'École Estienne,
je vous remercie d'être venu assister à l'inauguration de
ce bel édifice; à plus d'un titre, nous sommes heureux
de vous voir parmi nous; ce qui nous réjouit surtout,
c'est que votre présence ici, Monsieur le Président, est la
plus belle leçon que nous puissions donner à nos élèves,
la leçon de l'exemple.

En vous voyant, en effet, vous le premier magistrat
de la République, chacun peut constater que, dans notre
démocratie, un homme sorti des belles et fertiles couches
du peuple peut, à force de travail et de droiture, s'élever
au rang suprême.

Qu'on ne croie pas cependant que chaque élève, ici,
caresse le rêve de devenir président de la République,
non, mais tous ont le bel orgueil, nous en donnons
l'assurance, de devenir des hommes de bien, des répu-
blicains dévoués, des artisans de premier ordre.

L'École Estienne prépare et préparera toujours à la
République des générations successives d'hommes éclai-
rés et vaillants qui, pour combattre les ennemis de l'intérieur, ne feront appel qu'au seul bulletin de vote, mais
qui, le cas échéant, demanderaient d'autres armes pour
combattre et repousser les ennemis du dehors.

5

Cette École a pour but de former des ouvriers
habiles et instruits pour les arts et les industries du
Livre ; en même temps que nous dressons la main de
nos élèves aux habiletés professionnelles, nous parons
leur intelligence d'études variées et utiles ; on les verra
briller dans les œuvres de leur art, rendre nul le prix
de la matière première pour ne laisser apparaître que
la valeur artistique de leur travail. Les résultats obtenus passent déjà notre espérance ; quoique l'École soit
de création récente, nos élèves sont si bien appréciés,
qu'à peine sortis de la maison, et souvent même avant
d'en sortir, ils se placent tous avantageusement dans
l'industrie ; nous voyons même chaque année ces enfants
franchir les limites de ce qu'on appelle l'art industriel,
limites bien difficiles à préciser à la vérité, nous les
voyons, dis-je, exposer au Salon des artistes français
et y obtenir des récompenses ; dans tous les concours
publics, on ne leur dispute plus les premières médailles.

Ici l'enseignement est familier, amical, paternel,
aussi le cœur des enfants est-il à l'aise, et c'est à vue
d'œil qu'on voit se former leur intelligence, grandir
leur caractère et leur savoir ; sous une direction habile,
ils puisent aux sources ; rien de ce qui constitue l'origine
du livre ne leur est étranger ; depuis le papyrus primi-
tif jusqu'aux éditions populaires d'aujourd'hui, ils ont
suivi les diverses évolutions de leur art, ils se sont
pénétrés du rôle éminemment civilisateur, de l'influence
immense et glorieuse du livre dans la marche ascen-
dante de l'humanité.

S'il est vrai de dire qu'un bon livre, bien pensé
et bien écrit, est le meilleur ami que nous puissions

avoir, on ne saurait contester qu'il ne gagne encore dans notre estime quand il se présente à nous avec des dehors et des parures d'art qui le font aimer et respecter davantage; et c'est dans cet état, si séduisant, que par les élèves de l'École Estienne le livre contenant le savoir et la pensée humaine ira, de main en main, de génération en génération, répandant toujours plus de lumière, partant plus de justice.

Monsieur le Président,

Ce livre que l'École Estienne vous offre et que je vous prie d'accepter est entièrement l'œuvre de nos différents ateliers; sauf la matière première, tout a été fait ici; vous y trouverez : les Droits de l'homme, la Constitution qui régit la République et quelque chose qui vous touche de plus près : la séance de l'Assemblée nationale tenue à Versailles, le 17 janvier 1895, d'où vous êtes sorti Président de la République.

En finissant, Monsieur le Président, recevez de nous tous l'expression de notre grand respect et de nos sentiments dévoués.

LISTE

Par ordre d'Arrondissements et de Quartiers

DE MM. LES MEMBRES

DU CONSEIL MUNICIPAL DE PARIS

1er ARRONDISSEMENT.

Quartier Saint-Germain-l'Auxerrois.
Edmond GIBERT, ancien négociant, quai de la Mégisserie, 8.

Quartier des Halles.
Alfred LAMOUROUX, docteur en médecine, rue de Rivoli, 150.

Quartier du Palais-Royal.
Alexis MUZET, ancien négociant, rue des Pyramides, 3.

Quartier de la Place-Vendôme.
DESPATYS, ancien magistrat, place Vendôme, 22.

2e ARRONDISSEMENT.

Quartier Gaillon.
BLACHETTE, représentant de commerce, rue Saint-Augustin, 33.

Quartier Vivienne.
CARON, avocat, ancien agréé, rue Saint-Lazare, 80.

Quartier du Mail.
Léopold BELLAN, négociant, rue des Jeûneurs, 30.

Quartier Bonne-Nouvelle.
REBEILLARD, joaillier-sertisseur, rue Greneta, 54.

3e ARRONDISSEMENT.

Quartier des Arts-et-Métiers.
BLONDEL, avocat, boulevard Beaumarchais, 93.

Quartier des Enfants-Rouges.
Louis LUCIPIA, publiciste, rue Béranger, 15.

Quartier des Archives.
FOUSSIER, ancien négociant, boulevard du Temple, 54.

Quartier Sainte-Avoye.
PUECH, avocat à la Cour d'Appel, boulevard de Sébastopol, 104.

4e ARRONDISSEMENT.

Quartier Saint-Merri.
OPPORTUN, ancien commerçant, rue des Archives, 13.

Quartier Saint-Gervais.
PIPERAUD, ancien chef d'institution, rue du Roi-de-Sicile, 10.

Quartier de l'Arsenal.
HERVIEU, ancien juge au Tribunal de commerce, boulevard Bourdon, 37.

Quartier Notre-Dame.
RUEL, propriétaire, rue de Rivoli, 54.

5e ARRONDISSEMENT.

Quartier Saint-Victor.
SAUTON, architecte, rue Soufflot, 24.

Quartier du Jardin-des-Plantes.
Charles GRAS, lithographe, boulevard Saint-Michel, 133.

Quartier du Val-de-Grâce.
LAMPUÉ, propriétaire, boulevard du Port-Royal, 72.

Quartier de la Sorbonne.
André LEFÈVRE, chimiste, rue de l'École-Polytechnique, 14.

6e ARRONDISSEMENT.

Quartier de la Monnaie.
BERTHELOT, professeur agrégé, rue Mazarine, 11.

Quartier de l'Odéon.
ALPY, docteur en droit, avocat à la Cour d'Appel, rue Bonaparte, 68.

Quartier Notre-Dame-des-Champs.
DEVILLE, avocat à la Cour d'Appel, rue du Regard, 12.

Quartier Saint-Germain-des-Prés.
PRACHE, avocat à la Cour d'Appel, rue Bonaparte, 30.

7e ARRONDISSEMENT.

Quartier Saint-Thomas-d'Aquin.
Ambroise RENDU, docteur en droit, avocat à la Cour d'Appel, rue de Lille, 36.

Quartier des Invalides.
Roger LAMBELIN, publiciste, rue Saint-Dominique, 30.

Quartier de l'École-Militaire.
LEROLLE, avocat à la Cour d'Appel, avenue de Villars, 10.

Quartier du Gros-Caillou.
Arsène LOPIN, publiciste, quai d'Orsay, 105.

8e ARRONDISSEMENT.

Quartier des Champs-Élysées. '
QUENTIN-BAUCHART, avocat et homme de lettres, rue François-Ier, 31.

Quartier du Faubourg-du-Roule.
CHASSAIGNE-GOYON, docteur en droit, avocat, rue de la Boétie, 110.

Quartier de la Madeleine.
FROMENT-MEURICE, orfèvre, rue d'Anjou, 46.

Quartier de l'Europe.
RIANT, propriétaire, rue de Berlin, 36.

9e ARRONDISSEMENT.

Quartier Saint-Georges.
Paul ESCUDIER, avocat à la Cour d'Appel, rue Moncey, 20.

Quartier de la Chaussée-d'Antin.
Max VINCENT, avocat à la Cour d'Appel, rue de la Victoire, 58.

Quartier du Faubourg-Montmartre.
CORNET, ancien négociant, rue de Trévise, 6.

Quartier Rochechouart.
Paul STRAUSS, journaliste, rue Victor-Massé, 3.

10e ARRONDISSEMENT.

Quartier Saint-Vincent-de-Paul.
Georges VILLAIN, publiciste, rue de Maubeuge, 81.

Quartier de la Porte-Saint-Denis.
HATTAT, négociant, rue de l'Aqueduc, 21.

Quartier de la Porte-Saint-Martin.
THUILLIER, entrepreneur de plomberie, rue de Paradis, 20.

Quartier de l'Hôpital-Saint-Louis.
FAILLET, comptable, boulevard de la Villette, 19.

11e ARRONDISSEMENT.

Quartier de la Folie-Méricourt.
PARISSE, ingénieur des arts et manufactures, rue Fontaine-au-Roi, 49.

Quartier Saint-Ambroise.
LEVRAUD, docteur en médecine, boulevard Voltaire, 98.

Quartier de la Roquette.
FOUREST, médecin-vétérinaire, avenue Parmentier, 6.

Quartier Sainte-Marguerite.
CHAUSSE, ébéniste, avenue Philippe-Auguste, 64.

12e ARRONDISSEMENT.

Quartier du Bel-Air.
MARSOULAN, fabricant de papiers peints, rue de Paris, 90 (Charenton).

Quartier de Picpus.
John LABUSQUIÈRE, publiciste, rue de Rivoli, 4.

Quartier de Bercy.
COLLY, imprimeur, rue Baulant, 11.

Quartier des Quinze-Vingts.
Pierre BAUDIN, avocat à la Cour d'Appel, avenue Ledru-Rollin, 83.

13e ARRONDISSEMENT.

Quartier de la Salpêtrière.
Paul BERNARD, avocat à la Cour d'Appel, rue Lebrun, 3.

Quartier de la Gare.
NAVARRE, docteur en médecine, avenue des Gobelins, 30.

Quartier de la Maison-Blanche.
Henri ROUSSELLE, commissionnaire en vins, rue Humboldt, 25.

Quartier Croulebarbe.
Alfred MOREAU, corroyeur, boulevard Arago, 38.

14e ARRONDISSEMENT.

Quartier du Montparnasse.
RANSON, représentant de commerce, rue Froidevaux, 6.

Quartier de la Santé.
DUBOIS, docteur en médecine, avenue du Maine, 165-167.

Quartier du Petit-Montrouge.
CHAMPOUDRY, géomètre, rue Sarette, 25.

Quartier de Plaisance.
Georges GIROU, comptable, rue des Plantes, 42.

15e ARRONDISSEMENT.

Quartier Saint-Lambert.
CHÉRIOUX, entrepreneur de maçonnerie, rue de l'Abbé-Groult, 107.

Quartier Necker.
BASSINET, entrepreneur, rue de Vouillé, 47.

Quartier de Grenelle.
Ernest MOREAU, forgeron, rue du Théâtre, 150.

Quartier de Javel.
DANIEL, modeleur-mécanicien, rue Saint-Charles, 143.

16ᵉ ARRONDISSEMENT.

Quartier d'Auteuil.

LE BRETON, ingénieur, rue Chardon-Lagache, 47.

Quartier de la Muette.

CAPLAIN, chaussée de la Muette, 6.

Quartier de la Porte-Dauphine.

GAY, publiciste, rue de la Faisanderie, 26.

Quartier de Chaillot.

ASTIER, pharmacien, avenue Kléber, 72.

17ᵉ ARRONDISSEMENT.

Quartier des Ternes.

Paul VIGUIER, publiciste, avenue Carnot, 9.

Quartier de la Plaine-Monceau.

BOMPARD, docteur en droit, rue de Prony, 65.

Quartier des Batignolles.

CLAIRIN, avocat à la Cour d'Appel, rue de Rome, 133.

Quartier des Épinettes.

Paul BROUSSE, docteur en médecine, avenue de Clichy, 81.

18ᵉ ARRONDISSEMENT.

Quartier des Grandes-Carrières.

Adrien VEBER, avocat à la Cour d'Appel, rue Lepic, 53.

Quartier de Clignancourt.

FOURNIÈRE, publiciste, rue Caulaincourt, 129.

Quartier de la Goutte-d'Or.

BREUILLÉ, correcteur d'imprimerie, rue Stephenson, 45.

Quartier de la Chapelle.

BLONDEAU, charron, rue de la Chapelle, 112.

19ᵉ ARRONDISSEMENT.

Quartier de la Villette.

VORBE, fondeur, rue Armand-Carrel, 1.

Quartier du Pont-de-Flandre.

BRARD, employé, rue de l'Ourcq, 58.

Quartier d'Amérique.

Charles Bos, publiciste, rue des Mignottes, 6.

Quartier du Combat.

GRÉBAUVAL, homme de lettres, rue de la Villette, 47.

20e ARRONDISSEMENT.

Quartier de Belleville.
BERTHAUT, facteur de pianos, rue des Couronnes, 122.

Quartier Saint-Fargeau.
ARCHAIN, correcteur typographe, rue Pelleport, 165.

Quartier du Père-Lachaise.
LANDRIN, ciseleur, avenue Gambetta, 121.

Quartier de Charonne.
PATENNE, graveur, rue des Pyrénées, 89.

———

7

LISTE

DE MM. LES MEMBRES DU CONSEIL GÉNÉRAL
DES CANTONS SUBURBAINS

ARRONDISSEMENT DE SAINT-DENIS.

Canton d'Asnières.

LAURENT-CÉLY, ancien officier, rue de Provence, 59, à Paris et rue Steffen, 21, à Asnières (Seine).

Canton d'Aubervilliers.

DOMART, propriétaire, rue de la Courneuve, 8, à Aubervilliers (Seine).

Canton de Boulogne.

Léon BARBIER, marchand de bois, rue de Sèvres, 77, à Boulogne (Seine).

Canton de Clichy.

MARQUEZ, pharmacien, rue de Paris, 13, à Clichy (Seine).

Canton de Courbevoie.

Stanislas FERRAND, architecte-ingénieur, rue de la Victoire, 35, à Paris et rue Victor-Hugo, 249, à Bois-Colombes (Seine).

Canton de Levallois-Perret.

LEX, propriétaire, rue Fazillau, 71, à Levallois-Perret (Seine).

Canton de Neuilly.

RIGAUD, fabricant de produits chimiques et pharmaceutiques, rue de la Bienfaisance, 25.

Canton de Noisy-le-Sec.

COLLARDEAU, ancien clerc de notaire, rue Halévy, 6, à Paris et rue Saint Denis, 18, à Bondy (Seine).

Canton de Pantin.

JACQUEMIN, employé de commerce, route de Flandre, 99, à Aubervilliers (Seine).

Canton de Puteaux.

FÉRON, pharmacien, route Stratégique, 32, à Suresnes (Seine).

Canton de Saint-Denis.

Stanislas LEVEN, rentier, rue Miromesnil, 18.

Canton de Saint-Ouen.

BASSET, docteur en médecine, boulevard Victor-Hugo, 79, à Saint-Ouen (Seine).

ARRONDISSEMENT DE SCEAUX.

Canton de Charenton.

BARRIER, professeur à l'École nationale vétérinaire d'Alfort, rue Bouley, 4, à Alfort (Seine).

Canton d'Ivry.

LÉVÈQUE, horticulteur, rue du Liégat, 69, à Ivry (Seine).

Canton de Montreuil.

PINET, inspecteur primaire en retraite, rue de Rosny, 98bis, à Montreuil (Seine).

Canton de Nogent-sur-Marne.

BLANCHON, propriétaire, rue de Turbigo, 64, à Paris, et Grande-Rue, 195, à Champigny (Seine).

Canton de Saint-Maur.

PIETTRE, docteur en médecine, avenue Chanzy, 5, à La Varenne-Saint-Hilaire (Seine).

Canton de Sceaux.

CARMIGNAC, propriétaire et manufacturier, rue Victor-Hugo, 21, à Montrouge (Seine).

Canton de Vanves.

A. GERVAIS, publiciste, rue Baudin, 3, à Issy (Seine).

Canton de Villejuif.

THOMAS, menuisier, rue Carnot, 11, au Kremlin-Bicêtre (Seine).

Canton de Vincennes.

GIBERT (de Saint-Mandé), professeur, rue de l'Alouette, 6, à Saint-Mandé (Seine).

Imprimerie de l'École Estienne. — É. HÉRUPÉ et J. BITEAUD, metteurs en pages.

www.ingramcontent.com/pod-product-compliance
Lightning Source LLC
Chambersburg PA
CBHW060739280326
41934CB00010B/2275